Mary Anne Custis Lee
(1)

Robert Edward Lee
(1)

PLATE 1

M1

R1

PLATE 2

PLATE 3

Robert Edward Lee
(2)

Mary Anne Lee
(2)

PLATE 4

R2

do not cut out
white area
between arm
and body

M2

PLATE 5

PLATE 6

Childe Lee

Agnes Lee

Robert Lee, Jr.

Anne Lee

PLATE 7

William (Rooney)
Lee

Mary Lee

Custis Lee

PLATE 8

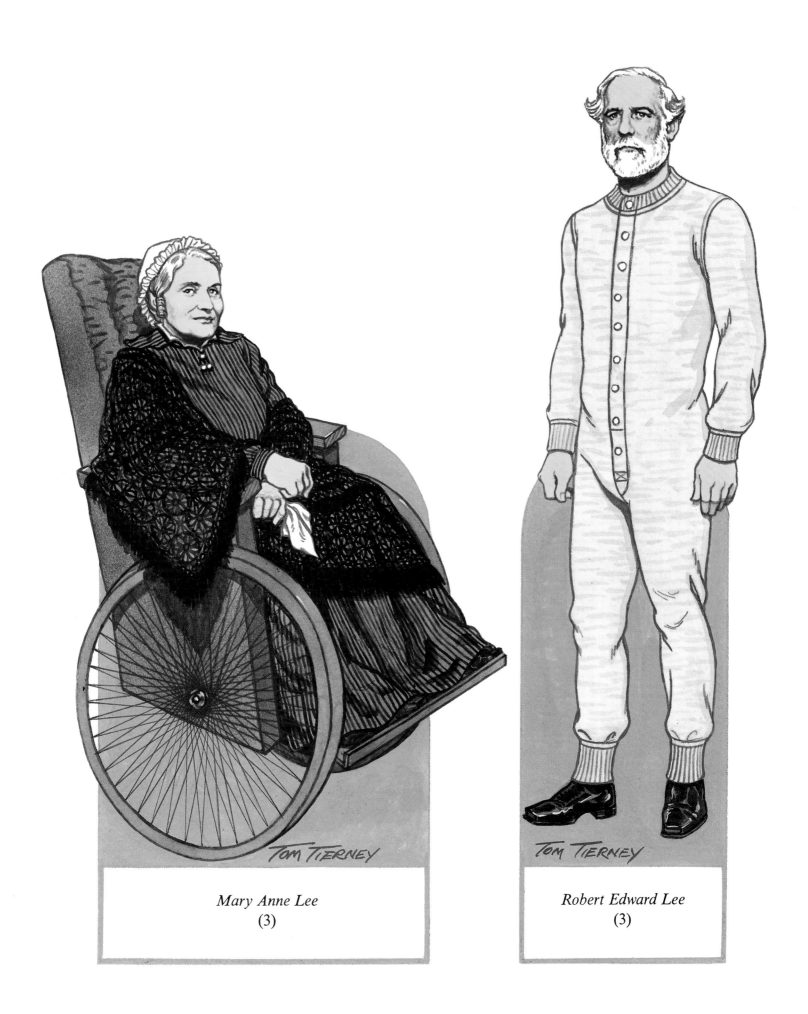

Mary Anne Lee
(3)

Robert Edward Lee
(3)

PLATE 9

PLATE 10

R3

do not cut out
white area
between arm
and body

Custis Lee

PLATE 11

Rooney Lee

Rob Lee

PLATE 12

Childe Lee

Agnes Lee

PLATE 13

Annie Lee

Mary Lee

PLATE 14

R3

do not cut out
white area
between arm
and body

Tom Tierney

Traveller

PLATE 15

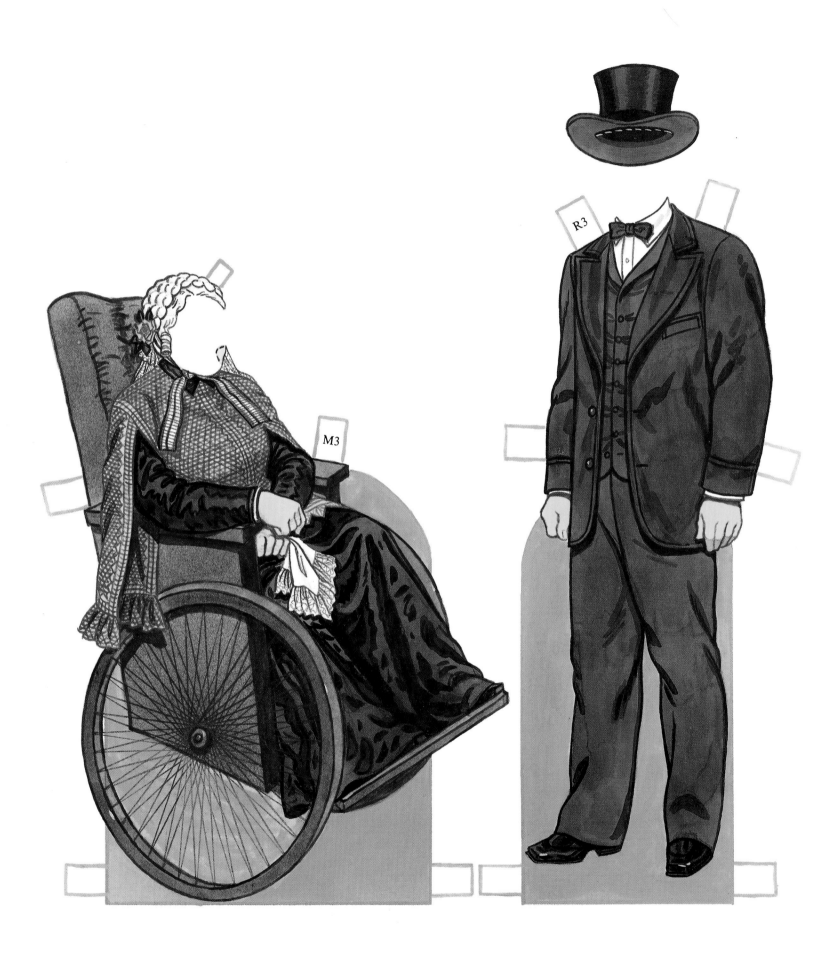

PLATE 16